**Für meine Mutter und
meinen treuen Freund Stefan Gietl**

☙

Heinrich Obberg

☙

Zeit - Essay  Seite 1

Wohlstand ohne Wohlgefühl?

*Kollaterale Wachstumsschäden
in der Beschleunigungsgesellschaft:
Über Menschen in Zeitnot und
über den Verlust von Stille.*
ಏ
**Zeit Essay
Heinrich Obberg**

Wohlstand ohne Wohlgefühl? Kollaterale Wachstumsschäden in der Beschleunigungsgesellschaft: Über Menschen in Zeitnot und über den Verlust von Stille ist ein philosophisch-soziologisches Essay mit Denkanstößen, einem Augenzwinkern und einer Hand voll Sand fürs Beschleunigungsgetriebe.

Der Text macht verständlich, warum Sie in Zeitnot geraten und ihr Wohlgefühl, unbemerkt wie einen Schlüsselbund verloren haben. Sie finden im Text Einblicke in die Auslösemechanismen und Ursachen für Zeitnot. Sie finden Antworten auf die Frage wie Sie Zeitwohlstände und Wohlgefühl erreichen können. Sie bekommen im Text Bauhinweise für eine *Brücke zu neuen Ufern*. Brücken bauen müssen Sie allerdings schon selbst.

Neben der Freude beim Schreiben sind in Diskussionen mit Freunden und Kollegen viele neue Fragen entstanden. Die alte philosophische Frage nach dem *guten Leben* haben wir in der Industriegesellschaft nur unzureichend beantwortet. Nur materiellen Wohlstand und Wirtschaftswachstum anzuhäufen, erscheint wenig heilsam. Viele haben in kleinen sozialen Nischen ihr eigenes Ding gewagt, mit weniger Gepäck nachhaltig errungen, - und das ist viel und ein Anfang.

ಬಿ

Der Autor Heinrich Obberg, geboren 1954 in Haffen/Rees am Niederrhein als Bauernsohn, Gas-Wasserinstallateur-Geselle. Studium der klin. Psychologie und Philosophie in Saarbrücken und Bochum. Lebt in Dortmund und Rees; arbeitet als Fachpsychologe für Verhaltenstherapie in eigener Praxis in Hattingen.

Mitglied der Schreibwerkstatt A. Kellersmann Hattingen. Mitautor im „Smiler" (Liebesgedichte) und Kochbuch *Hattingen kocht mit Schmackes*, Verlag hellblau. Mitherausgeber eines Gedichtbands „...den eigenen Himmel gespürt" 2005 mit Eva Reich Hattingen BOD Verlag. Seit 1984 Trainer zum Autogenen Training NAGAL Prof. Dr. Dr. Niesel RUB. Seit 2004 Herausgeber eines „Begleitheftes Autogenes Training" BOD Verlag und einer Entspannungs- CD zum autogenen Training (Logodruck Haltern) mit dem Pianisten und Komponisten Lutz Deterra Hattingen.

Zeit - Essay

ಬ

Herausgeber und Autor
Dipl. Psych. Heinrich Obberg

ಬ

Bibliografische Informationen der Deutschen Nationalbibliothek: Die Deutsche Nationalbibliothek verzeichnet diese Publikation in der Deutschen Nationalbibliografie; detaillierte bibliografische Daten sind im Internet über http // dnb.dnb.de abrufbar.

Copyright 2017, Autor Dipl. Psych. Heinrich Obberg
Herstellung und Verlag: BoD - Books on Demand, Norderstedt.
Bildgestaltung S 1, S 59, Fußnote H. Obberg 2008

Erste Auflage 2017

ISBN: 9783743167827

Zeit - Essay

Zeit - Essay

Inhaltsverzeichnis

1. Vorwort…………...……………..…………..7

2. Prolog Niederrheinstille………………...……...9

3. Metropole Ruhr: Still ist nur die Ruhr………..10

4. Der Beschleunigungsimperativ……..……......11

5. Vom Stillesein und fliegenden Rossen……....14

6. Chinesische Weisheiten: Laotse & Konfuzius.16

7. Die schwere Kost des Martin Heidegger……..18

8. Wandlungsfähigkeit & Stillesein bei H. Hesse..…..20

9. Kunst des Liebens & Haben oder Sein E. Fromm...26

10. Keine Zeit für Stille: Praktische Philosophie……...30

11. Meine Meditation über Meister Eckart & Co……..33

12. Und immer wieder Rosa und Resonanz…………...33

13. Wohlstand ohne Wohlgefühl: müde und leer....34

14. Die Dinge Singen höre ich so gern..........36

15. Kollaterale Wachstumsschäden..............37

16. Kunst & Kino...........................38

17. Dem Gehirn bei der Arbeit zusehen.........40

18. Verblüffende Statistik.....................49

19. Gut gemeint,- nicht gut gemacht............50

20. Stille Worte & Worte der Stille............52

21. Literaturverzeichnis......................53

22. Abschluss &. Ausblick....................57

23. Epilog: Untergang der Sonne...............61

24. DANK..................................64

Zeit - Essay

Vorwort
ಬ

Beipackzettel: Alle auftretenden Risiken und Nebenwirkungen die durch Lesen im Text entstehen sind beabsichtigt. Fragen sie nicht ihren Arzt oder Apotheker, sondern sich selbst.

Wir Menschen in der postmodernen Beschleunigungsgesellschaft sind zu optimierten Präzisionsmaschinen geworden, die im materiellen Wohlstand müde und gestresst ihr verdientes Wohlgefühl nicht wirklich finden. Selbst in der sog. Freizeit, rennen und rasen wir weiter. Diesem Schnellzug zu entkommen ist eine hohe Kunst. Unser Gehirn hat schnell gelernt, nach bekannten *Mustern* weiter zurasen! Es erschien alles so eindeutig mit dem noch Höher, noch Schneller und noch Weiter. Nun sind wir mit Karacho an der Zielmarke *des guten Lebens* vorbeigerast, und, fragen uns, was nun?

Lassen Sie zu, dass dieser Text *ihre alten Grundüberzeugungen und Verhaltensmuster* ankratzt und in Frage stellt. Es nervt erst einmal und braucht Zeit, ihren *Schnellzugantrieb* zu verstehen. Erst danach entstehen Skizzen der Umstrukturierung, *wie der neue Weg* aussehen könnte. Es liegt etwas „klassisches" im alten *faustischen Erkenntniskampf um des Pudels Kern* sich selbst zu erkennen, zu erneuern und zu ändern. *Dabei kann es zeitweise schon teuflisch zugehen.* Aber *nur so* kann ein vibrierender Draht der Liebe zwischen Ihnen und der Welt entstehen[23].

Unzugänglichkeiten im Text sind keine verschlossene Türen: Manche Türen öffnen sich erst beim zweiten durchlesen. <u>Vergessen Sie Heilsrezepte</u>! Es gab schon immer mehr Gefühle, als es Worte gab: Wie oft sitzen Sie im Urlaub am Meer und vermögen nicht ein Bruchteil ihrer Gefühle wiederzugeben.

Zeit - Essay

Die *Wirklichkeit als Geheimnis* kenne ich im Zeitalter der postmodernen *kalten* Wissenschaft leider bisher nur als esoterische Entgleisung. Dabei gibt es haufenweise metaphysische und ethische Fragen, die in Wissenschaft und Technik verborgen liegen. Philosophie ging schon immer über den Rubikon der Eindeutigkeit der Dinge hinaus. *Das postmoderne Menschentier über den Tellerrad der rasenden Beschleunigung hinaus zu verstehen, um ein Denken zu neuen Ufern anzustoßen, will dieses Zeit-Essay versuchen.* Was haben WhatsApp, etc. mit einer über 2500 Jahre alten Weisheit zu tun? Was haben Zeitforschung und Medienkompetenz mit der Bibel oder alten Chinesen zu schaffen? Alles nur Unfug?

    Wir Menschen befindet uns im ständigen Selbst - Erkennungs- und Erziehungsprozess, um eine bessere Beziehung zwischen uns selbst und der Welt zu bekommen, - *damit uns gutes Leben gelingt.* Dabei kann es um die Balance von Spannung und Entspannung, Moderne und Geschichte, Naturbewusstsein und Nachhaltigkeit und so weiter gehen. Dieser Text hilft natürlich den Menschen am meisten, die ohnehin schon eine Affinität zu diesen Gedanken haben; sicher aber jüngere Leser/innen, die auf ihrer Suche nach neuen Lebensentwürfen forschen, alte Weisheiten mit *frechen* neuen Lebensideen verknüpfen wollen.

    Der Text liefert viel inhaltliches Baumaterial um neue Brücken zu eigen neuen Ufern zu schlagen. Der Autor möchte jedoch <u>*nicht*</u> ihr neues Ufer einengend vorherbestimmen. Noch mal: Für die Brücken- und neue Ufergestaltung sind sie selbst zuständig und verantwortlich.

Zeit - Essay

Prolog Niederrheinstille

An diesem Tag sank die Sonne in prächtigen orange-gelben Aquarellfarben wie ein glühender Komet hinter die Deichkrone ins Altrheinflussbett. Meine Mutter und ich saßen an einem kleinen Klapptisch, auf einer Anhöhe hinten am Hof. Mutter hatte noch schnell die alte hellbraune Tischdecke mit weißen Häkelrand aufgelegt, um die grünen Farbflecken vom Anstrich der alten Stalltür zu verdecken. Wortlos schauten wir über das alte Weideland zum Deich zur Sonne: Es begann der letzte Akt des Sonnenuntergangs, - nicht weniger spektakulär - wie großes Kino. ஐ *Jetzt kannst Du die Stille hören* ஐ, sagte meine Mutter, mit einer leisen fast erlösenden Stimme, - und, einer spürbaren Erleichterung im Ausatmen. Wie auf ein unausgesprochenes Zeichen hin, sprachen wir beide kein Wort und saßen wie andächtig da, um die absolute Unfassbarkeit des Augenblicks der sich ständig wechselnden Himmelsfarben tief in uns aufzunehmen (…)

Die Metropole Ruhr: Still ist nur die Ruhr

Das alles geschah vor langer Zeit, als der größte Teil meiner Zukunft nur als Skizze vor mir lag. Heute lebe ich schon einige Jahrzehnte in der Großstadtmetropole Ruhr. Doch manchmal, erlebe ich dieses schnelle Leben ohne Stille wie einen unwirklichen Film, ohne eigene innere Schwingung.
Während *nur* die Ruhr noch in aller Stille durch das Revier fließt, staut sich die lärmende Schnellstraße A40 modern und 6-spurig. Es rast und dröhnt im Revier überall und ständig, selbst dann, wenn der homo oeconomicus des Ruhrgebiets bereits sein Handy in den „Nachtmodus" geschaltet hat und schläft, - es ist niemals wirklich still. So quält sich der Mensch in der Industrie- und Beschleunigungsgesellschaft durch die Smartphone überwachte unstille Nacht, um in einen noch weniger stillen Feinstaub-Tag zu starten. Nach dem widerwilligen Erwachen des Homo oeconomicus, zwingt sich das Industriegeschöpf in seine Konkurrenzklamotten. Im Bad angekommen, stylt es sein selbst optimiertes Selfie - Gesicht vor dem Spiegel. Die Reststille der Wohnung wird durch das müde Röcheln der Kaffeemaschine von ersten Terror- und Katastrophenmeldungen im Radio sowie von minutenlangen Verkehrsmeldungen unterbrochen. Modern ver-

packt, meldet die gerade angelegte Smartwatch eine Zeitangabe wie lange er heute wieder im Stau stehen wird und wie viele Schritte sein App - gesteuerter Workout mindestens haben sollte. Auf dem Smartphone befinden sich schon an diesem Morgen mehrere ungeöffnete WhatsApps - Nachrichten und Emails mit einem ermahnenden Banner und roten Zahlenkreisen. Menschen der Moderne quälen sich am Tag durch übermächtige Ereignis-, Projekt- und Aufgabenlisten mit *einem Beigeschmack von Schuld und Zeitnot.* ೞ *Die digitale Selbstausbeutung und totale Smartphoneabhängigkeit bleibt dabei unbemerkt! Welche Folgen hat nun diese Beschleunigung auf die Menschen?*

Der Beschleunigungsimperativ

Prof. Dr. Hartmut Rosa[5] **2005, 2016**, Soziologe an der Friedrich Schiller Universität Jena, hat als „soziologischer Deutschlandversteher" die Illusionen der modernen Konkurrenz- und Beschleunigungsgesellschaft analysiert. Im Mittelpunkt seiner Zeitforschung stehen Menschen in *Zeitnotständen.* Rosas Hauptthese ist, dass der Beschleunigungs- und Wachstumsimperativ der digitalen Hochgeschwindigkeitsgesellschaft die Zeitstruktur der Menschen *bis zur Entfremdung* bestimmt. Menschen durch Maschinen zu entlasten, gesunde Stille - und Ruhephasen in freier Selbstbestimmung zu ermöglichen, galt als die einstige Grundidee der industriellen Gesellschaft. Die *Zielsetzung Menschen zu entlasten, ihnen freie Zeit (-wohlstände) zu verschaffen,* entlarvt die Moderne als Zeitnotstandsgesellschaft, mitten im materiellen Wohlstand. *Die Lebensqualität steigt trotz rasender Bemühungen nicht weiter an, sie tritt quasi rasend auf der Stelle.* Rosa nennt dies treffend einen *rasenden Stillstand*[5]. Haben wir einen Wohlstand ohne ein Wohlgefühl an gelingendem gutem Leben?

Nicht erfüllbare To-Do-Liste sind wie rutschende Hänge der Überlastung: Die Menschen bemühen sich den Aufgabenberg z. B. an Email abzubauen, aber kaum bleiben sie einen Moment stehen, rutschen noch mehr Aufgaben als zuvor nach. *Nach der Reizüberflutung gibt es keine Zeit mehr für erholsame Stille oder eine kritische Rückschau mehr. Erholungsphasen oder ein kreatives stehen bleiben, werden aus vermeintlicher Zeitnot vermieden.* Die *Beschleunigung* regiert die Menschen in Freizeit und Beruf, insbesondere aber durch moderne Medien (…) vom Update bis zur Email, WhatsApp, Facebook, Twitter bis zur blinkenden Smartwatch

Zeit - Essay

am Handgelenk, die der selbst gewählten Totalüberwachung dient.

Die Beschleunigung der Gesellschaftsprozesse überfordert seit geraumer Zeit die Menschen und zwar Tag für Tag. *Die Arbeitsgeschwindigkeit des Einzelnen reicht am Ende des Tages nicht aus, um die beschleunigten Aufgabeneingänge zu übersteigen (**Heinrich Obberg** [11], WAZ 2014).*

Zudem haben wir immer mehr Dinge, die uns umgeben. So hatte ein durchschnittlicher Haushalt in der vorindustriellen Gesellschaft ca. 400 Einzelgegenstände; heute sind es ca. 10.000 zeitraubende Gegenstände geworden. Es herrscht *quasi eine Verwahrlosung der Vielfalt*, an Möglichkeiten und Handlungsoptionen. *Eine regelrechte Angst etwas zu verpassen verdirbt uns ein gelingendes Leben.*

Das Grundproblem der Beschleunigungsgesellschaft liegt im imperativen Wirtschaftswachstum. Ohne ein ständiges Wachsen unserer Wirtschaft droht uns ein Zusammenbruch. Daraus ergibt sich ein Teufelskreis der aggressiven Konkurrenz, jeder gegen jeden. Wir stehen in einem ökonomischen Dilemma der einmal in Gang gesetzten Wachstumsorientierung.

Einwände, dass es schon zur Zeit der Erfindung der Eisenbahn *Kritiker der Beschleunigung* gab, sind wenig überzeugend. Die Befürchtungen der Kritiker bezogen sich auf negative Veränderungen des Gehirns, wenn die Bahngeschwindigkeit die Reisegeschwindigkeit einer Pferdekutsche um ein mehrfaches übersteigt. Wie wir alle wissen, fallen die messbaren Krankheitsfolgen der Beschleunigungsgesellschaft (s. Pkt. 17 u.) leider *nicht* so unbedenklich aus.

So diagnostiziert H. Rosa[5] die Folgen der Beschleunigung zunächst in einer gestörten *Weltbeziehung der Menschen: Es misslingt den Menschen die vertraute Weltaneignung.* Sie hören nicht mehr die (stillen) Schwingungen ihrer Welt. Wäre der Mensch eine Stimmgabel, hätte er seine Resonanz und Schwingungsfähigkeit verloren. In seinem gerade erschienenen Buch zur *Resonanz* präzisiert Rosa die Probleme der modernen Beschleunigungsgesellschaft. Insbesondere die Beschleunigung bewirke eine *zunehmende Entfremdung* der Menschen von ihrer zuvor (an-) vertrauten Umgebung. Es misslingt die Aneignung der Weltbeziehung. Das diese Aneignung der Weltbeziehung bereits ein biblisches Problem war, wird schon bei den Propheten und Weisen deutlich.

Vom Stillesein und dahinfliegenden Rossen
Israel, eine *verwüstete* Steppenlandschaft, weit außerhalb der Stadtmauern. In sengender Sonne wie

im Rausch, - eine Ansammlung braun gegerbter Rufer in fliegend-weißen Kaftangewändern. Ihre gierigen Augen und enthemmten Stimmen kleben wie gefangen an einer mächtigen Wolke aus gelbem Staub, die sich aus der Ferne schnell nähert. Eine wilde Horde galoppierender Rennpferde, gleich einem Wüstensturm, zieht die Sinne der Menschen in ihren Bann. Der spröde Boden bebt und reißt auf, - eine Offenbarung der hervorquellenden Gier nach Vergnügen (…) „fliegender Rossen" (…).

Damals wie Heute sind „dahinfliegende Rossen" als Pferderennen ein Sinnbild für das oberflächliches Vergnügen und Spektakel.
So oder ähnlich hat es sich wohl zugetragen, damals vor 2500 Jahren, in der heiligen Stadt der Juden zu Israel. Aus biblischer Zeit stammen die bis Heute bekannten Worte der Weisheit des Propheten Jesaja (AT/ Jesaja, 30). Die Worte wurden buchstäblich unerhört überrannt, als er sprach:

„Wenn ihr umkehrtet und stille bliebet, so würde euch geholfen; durch Stillesein und Vertrauen würdet ihr stark sein (…)".

Die Offenbarung der hervorquellenden Gier nach Vergnügen fliegender Pferde *konkurriert* mit der Weisheits- Offenbarung des Jesajas *und unterliegt*! Anstatt in der Umkehr, mit Ruhe und Stille voller

Vertrauen loszulassen, rennt ihr den falschen (Spektakel-) Mächten nach: Alles nach dem Motto noch höher, noch schneller und noch weiter, um jeden Preis. ෴

War Jesaja frustriert? Oder wusste er bereits um die Verführbarkeit der Menschen? Mal Porsche fahren ist doch klasse oder? Klar doch, aber – *mal* – (!)
Und Sie, erscheint es Ihnen nicht wie ein ständiges inneres Ringen zwischen *Rennen und Innehalten?*

Chinesischer Weisheit: Laotse & Konfuzius

Der weise Archivar Laotse oder Lao-Tse, Laudse, was soviel heißt wie "der Alte" stammte aus der chinesischen Provinz Honan und wurde ca. 50 Jahre vor Kung (d. h. Konfuzius 551 v. Chr.) [16] geboren. Er war aus heutiger Sicht so etwas wie ein psychologischer Entspannungstherapeut. *Laotse sah Stille als Energiequelle an, um zu den eigenen Wurzeln und zur Klarheit zurückzukehren:*

෴

Schaffe Leere bis zum Höchsten!
Wahre die Stille bis zum Völligsten!
Alle Dinge mögen sich dann zu gleich erheben.
Ich schaue, wie sie sich wenden.
Die Dinge in allen ihrer Menge.
Ein jedes kehrt zurück zu seiner Wurzel.

Zeit - Essay

Rückkehr zur Wurzel heißt Stille.
Stille heißt Wendung zum Schicksal.
Wendung zum Schicksal heißt Ewigkeit.
Erkenntnis der Ewigkeit heißt Klarheit (...)

ᛒᛜ

Fragt man weiter was über Laotse (Der Begründer des Taoismus) mit TAO im Buch TAO TE KING meint, wird es sehr mystisch: In alten Schriftrollen heißt es, TAO sei kein Begriff. TAO sei eine Art *Erleben durch inneren Sammlung oder Meditation*:

ᛒᛜ

„Wer das TAO kennt, spricht nicht darüber, wer darüber Spricht, kennt es nicht. Es ist auf der Ebene jenseits von Sein und Nichtsein."

ᛒᛜ

Sehr alte Sprüche vergleichen das TAO mit dem Geist des leeren Tals. Es habe etwas von dem geheimnisvoll Weiblichen (S. 134-137), das ununterbrochen fließt. Es sei das Tor und die Wurzel von Himmel und Erde. Die Konzeption des TAO beruhe auf einer Beschwörung des Kán Zeichens und dessen Geistes:

Okay, seine Entspannungsinstruktionen könnten deutlicher werden! Oder auch nicht?

☰ ☰

Dieses Zeichen ist eines der 8 Urzeichen des Buches der Wandlung.

Auch der 50 Jahre später auftretende Sozialphilosoph der Familie Kung (Konfuzius) in Peking versucht es mit einer ganz ähnlichen, aber kurzen Weisheit:

„In der Ruhe liegt die Kraft".

Die Übereinstimmung der Stille-Eigenschaften über Jahrhunderte legt sich wie ein roter Leitfaden der Weisheit über die ganze Welt. Stellt sich die Frage:

೮

„Warum vermeiden so viele Menschen gestern wie heute so sehr das Stillesein"? Wäre das „Stillesein wie ein tiefer See", was läge denn auf seinem Grund so ungeheuerliches verborgen? Folgen wir einem in seinen deutschen Spätwerken nicht unumstrittenen philosophischen Taucher.

Die schwere Kost des Martin Heidegger

Der Philosoph aus Meßkirch, der schwäbischen Alb, **Martin Heidegger**[17] beschreibt in seiner Vorlesung über „Die Grundbegriffe der Metaphysik" über 150 Seiten lange Übungen und erhellende Erkenntnisse zur *Stille bzw. der Erfahrung der Langeweile*: Er fordert seine Studenten auf, sich mit dem *Stillesein als Grunderfahrung der Langeweile* zu konfrontieren, um darin nicht weniger als die Abgründigkeit des Menschen zu erkennen. Wer die Konfrontation mit der Stille und Langeweile zulasse, der erlebe und höre eine *metaphysische Begegnung* mit dem „ALLES (also der Welt) und dem NICHTS (der ereignislosen Leere)". Im *Nichts der Stille* und im Zulassen der *Langeweile*, offenbare sich die Welt auf besonders Weise: *Als das Grundrauschen der Existenz und zwar ohne jeden konkreten Weltinhalt, als reines vorübergehen der Zeit.* Ziel sei nach Heidegger sich nach einigem *(langen) verweilen (Langeweile) – wenn die Zeit stockt* – aus dem Schoß der Langeweile „*erneuert*" und gestärkt zu entkommen und sich aus ihr sodann herauszufallen zu lassen. Die einzelne Existenz begegne so, der *Welt als Ganzes. Dies ist eine Konfrontation mit der wohl größten Lebensangst, der Angst vor dem Tod, dem „nicht mehr Sein"*. Hat man sich dieser Konfrontation gestellt, so sind gute Voraussetzungen für ein *gutes Leben, ohne Angst* haben zu müssen, wie ein Grundstein gelegt. Der wunderbare Heidegger Biograph Rüdiger Safranski beschreibt in seinem Buch „Zeit[23]", diesen schwer verstehbaren Heideggertext viel zugänglicher in drei Akten.

Zitat: *„Im ersten Akt geht man – alltäglich – in der Welt auf, und die Welt erfüllt einen". Im zweiten Akt rückt alles fern, das Ereignis der großen Leere, das Selbst und die Welt werden nichtig, die Zeit stockt (s. o.). Im dritten Akt schließlich kehrt das Entrückte, das eigene Selbst und die eigene Welt, wieder zurück.*
<u>*Und darauf läuft alles hinaus, auf diese Wiedergeburt aus dem toten Punkt. Wer aus der Wüste der Langeweile zurückkehrt, dem eröffnen sich neue Chancen zur Verwandlung".*</u>
Erscheint es Ihnen vor dem Hintergrund des o. g. Erlebens von Still-Sein und der Leere verständlich, warum wir nicht, jedes Still-Sein, wie ein *Stillephobiker* sogleich mit Ereignissen oder Aktivitäten zudecken sollen? <u>*Die Endlichkeit und Sterblichkeit in die Übungen zur Achtsamkeit, ohne Bewertung anzunehmen, wird als heilsam und befreiend erlebt, ähnlich einer „Art Wiedergeburt". Nochmal: Es ist keine Hinwendung zum Tod, sondern zum Leben (ohne und entgegen der German Angst)!*</u>

Wandlungsfähigkeit und Stille bei H. Hesse

Um mit **Herrmann Hesse**[18] zu sprechen: „wohnt diesem (Neu-) „Anfang ein Zauber innen". Auch

Hesse setzte sich tief mit der Wandlungsfähigkeit der Menschen auseinander und beschrieb sie als Märchen "Piktors Verwandlungen". Hesse will sich für seine Frau auch verwandeln können. Hier ein Ausschnitt des Märchens, das er als Ostergeschenk an seine zweite Frau schrieb:

„Eines Tages kommt ein Mädchen zu Piktor und fühlt sich unwiderstehlich von dem Baum angezogen. Piktor nimmt all seine Kräfte zusammen, doch als Baum kann er sich dem Mädchen nicht zuwenden. Erst als das Mädchen sich mit Hilfe eines weiteren Karbunkels ebenfalls in einen Baum verwandelt, wird alles gut".

Herrmann Hesse lässt Leser *beim Schreiben neben sich laufen,* spielt mit tiefem Wissen und Weisheiten *(als Neuanfang/als Wiedergeburt).* Hesse hatte Mut, das eigene „*sich selber finden*" im *Alleinsein können in der Stille,* aber auch die Abgründigkeit des Menschen zu beschreiben, die er z.B. sehr düster, jedoch geradezu genial im Buch der *Steppenwolf* 1927 beschreibt:

Als Protagonist Harry Haller zieht Hesse in diesem Nobelpreis-Roman als zerrissene Persönlichkeit mit seiner *bürgerlich angepassten Seite* ins Gericht. Er kämpft mit seiner „inneren steppenwölfischen einsamen und kulturkritischen Seite", nicht zuletzt in Anlehnung an J. W. Goethes „Faust". Nur mit Humor findet er eine Versöhnung über das Unvermögen der Gesellschaft.

Heute, 2017 erlebt *sein Steppenwolf* im Schauspielhaus Bochum „eine Wiedergeburt"! Hesse schreibt über das Alleinsein:

Nur im Alleinsein können wir uns selber finden.
Alleinsein ist nicht Einsamkeit,
sie ist das größte Abenteuer!

Ein über 600 Jahre alter Olivenbaum in Palma de Mallorca.

Zeit - Essay

Irrgarten*

Den alten Weg neu finden

vorbei an
Baumkathedralen
voller Vogelgesang,
durch Hohlwege
erfüllt mit Efeuduft

und dann
im Waldwerk versinken
ergrünt sterben

als Baum erwachen
in Rindenhaut erbeben
mit meiner Blätterkrone atmen
mich tief verwurzeln bis ins Wasser
Wurzelfüße zwischen zerklüftete Felsen treiben

mich still von Wolken überfliegen lassen
bis
ich ☙verwandelt☙ erwache.

(H. Obberg, 2004) [25]
(* Der "Irrgarten" ist eine Parkanlage in Hattingen-Blankenstein)

Die Kunst des Liebens und vom Haben zum Sein

Heidegger war unfair zu seinen Studenten, als er ihnen die Konfrontation mit dem Stillesein – ohne Beipackzettel – *verschrieb*, da sie keinen Arzt oder Apotheker fragen konnten. Wir versuchen es einmal mit dem Sozialphilosophen und Psychoanalytiker der Frankfurter Schule Erich Fromm: Fromm beschrieb 1980, (Ullstein S. 124) in der *Kunst des Liebens, dass jeder Versuch mit sich allein zu sein, keine Übung ohne Nebenwirkung sei:*
"jeder, der versucht, mit sich allein zu sein, wird entdecken, wie schwer das ist. Er wird eine innere Unruhe verspüren, wird zappelig werden und sogar Angst bekommen. Er wird bald keine Lust mehr haben mit dieser Übung fortzufahren, und wird die Unlust damit rationalisieren, dass es ja wohl keinen Wert habe, dass es dummes Zeug sei, dass es zu viel Zeit in Anspruch nehme und der gleichen Gründe mehr". Außerdem wird er beobachten, dass ihm allerlei Gedanken durch den Kopf gehen und von ihm Besitz ergreifen.

Fromm empfiehlt sogar einige Hilfen, um mit diesen misslichen Zuständen umzugehen: Man sollte versuchen die Augen zu schließen, versuchen, sich weiße Flächen vorzustellen und dabei alle störenden Bilder und Gedanken auszuschalten. Dann sollte man das eigene Atmen verfolgen. Ferner sollte man versuchen, das eigene *Ich meiner Welt zu erfüllen. Dass ICH ist mein Selbst als Zentrum meiner Kräfte, als Schöpfer meiner Welt.* Erich Fromm empfiehlt diese <u>Übungen 20 Minuten lang am Morgen sowie am Abend</u> vor dem schlafen gehen durchzuführen.

ಲ

Die Fähigkeit, allein sein zu können, setzt Fromm als Vorbedingung für die Fähigkeit zu lieben.

ಲ

Ich denke mit Erich Fromm in der Kunst des Liebens (S. 96 bis 100), wenn ich behaupte, dass die Industriegesellschaft, die angesammelten toten Dinge höher bewertet als lebendige. Dies hat tiefen Einfluss auf den modernen Menschen ausgeübt. Eine der Folgen ist die, dass der moderne Mensch der Beschleunigungsgesellschaft sich seiner eigenen Natur fremd geworden ist. ಲ
Oberflächlich betrachtet geht es uns gut, an materiellen Wohlstandgütern mangelt es uns nicht. Des Menschen Glück ist meistens oberflächlicher Spaß an den Gebrauchsgütern.

Mit einem Vorbehalt der pauschalierenden Verallgemeinerung, *scheinen wir der Verwahrlosung der*

Vielfalt der angeboten Dinge und Ereignissen geradezu schutzlos ausgesetzt zu sein, - und fressen, uns verwirrt durch die Vielfalt. Sozial vergleichend erliegen wir der industriellen „Kost", weil es alle tun und es modern ist. Vieles bewegt sich an einer konsumorientierten Oberfläche. Selbst Beziehungen blieben nach Fromm oberflächlich: Erich Fromm beschreibt *diese gut geölten Beziehungen zwischen Menschen* so, dass sie sich ihr ganzes Leben fremd bleiben, nie eine Beziehung von *Personen Mitte zu Person Mitte* gelangen, sondern sich bestenfalls höflich behandeln und versuchen, es dem anderen etwas leichter zu machen.

Stellen sie sich einmal vor, Herr Präteritum trifft, außerhalb der gemessenen Zeit, Frau Futur. Stellen Sie sich weiter vor, dass Sie genau an *ihrem Treffpunkt* ein tiefes Loch graben. Was sie dort unten finden ist das *reine Sein*, dass hic et nunc, nach Fromm, das "Hier und Jetzt" in Form des Seins. Dieses Erz aus der Tiefe der Erde, wird außerhalb der Zeit gemessen. Auf der Oberfläche des <u>Habens</u> der gemessenen Zeit leben die Lebewesen entweder in der Vergangenheit, Gegenwart oder Zukunft.

Willkommen in der Welt von Erich Fromm *Haben oder Sein (H&S)*. Es ist nicht zu übersehen, dass Erich Fromm mit diesem literarischen Kunstgriff tief zur mystischen Philosophie (z.B. die des Meister Eckart) hinabsteigt: in seinem Werk *Haben*

oder Sein weist er schon **1976** auf die aggressiv, expansive Wachstumsorientierung der Industrie hin. Auch er geht wie Heidegger, der Angst vor dem *Nicht Sein*, nach. Fromm kritisiert als Psychoanalytiker die zunehmende Verdrängung und Leugnung der Angst vor dem Tod. Dabei ist der Kontakt mit der Endlichkeit (z.B. Krebsverdacht, Fast-Unfall, etc.) nach erster (Angst-) Überwindung ein Bewusstwerden der <u>Möglichkeit von Lebensfreude.</u>

Fromm kritisiert das Haben- und Besitzen wollen als oberflächliche Orientierung. Wer sein stetiges Bemühen zu Lebenszeit im Haben und Besitzen von Dingen verbringt, verringert die *Möglichkeit im Sein zu wachsen.* Indem **wir** *Besitztum an das Ich hängen, verlieren wir zunehmend unsere Freiheit.* Im tiefen Verständnis Eckarts (Im Buch H&S S.66), ist *„der von Begierde befreite Mensch gemeint. Im Sinne der <u>„Abgeschiedenheit"</u> von der Begierde,* formt sich auch Fromms Seins-Begriff. Es liest sich als eine tiefgründige Beschäftigung mit dem Tod, wenn man sich der *Ich-gebundenen Form des Haben's entledigt. Je geringer sei die Angst vor dem Sterben.*

Ein Beispiel aus dem Klinikalltag: Krebskranke Kinder können im Vergleich zu Erwachsenen, das *Nicht mehr Sein* bzw. Sterben, sehr viel leichter annehmen, weil sich ihr ICH nicht an Besitztümer im Sinne von HABEN gebunden hat.

Fromm formuliert seine o. g. Forderungen „im SEIN-MODUS" zu leben meines Erachtens zu radikal: Kein Mensch kann – praktisch seine Lebenszeit einzig im „Modus des Seins" verbringen. Diese all zu theoretische Überforderung der Seins-Ausrichtung kann m. E. sogar zum Gegenteil führen, haben wir doch schon am Eingang zum Paradies es nicht fertiggebracht, auf einen blöden Apfel zu verzichten. Da halte ich <u>ein achtsames sich selbst verzeihen und eine negative Selbstbewertung schnell zu unterbrechen</u> für angebrachter und wirksamer, um eine resonante Weltbeziehung in Gang setzen. Es sollte meines Erachtens *nicht um Verurteilung* (m-) einer Handlung i. S. des Habens gehen, wenn ich ihr anheim gefallen bin, sondern um eine achtsame *selbstkritische Grundeinstellung zu uns selbst, wenn wir häufig <u>alte Fehler</u> wiederholen und/oder keine sinnerfüllten werthaltigen inneren Ziele* verfolgen.

Keine Zeit für Stille: praktische Philosophie?

Albert Kitzler [21] bringt das Zeitnotproblem in seinem Buch „Wie lebe ich ein gutes Leben?" auf den Punkt: *"Der ganze technische Fortschritt sollte uns Zeit und Mühen bei der notwendigen Lebensbewäl-*

tigung ersparen, damit wir mehr Zeit für uns haben und das Leben in Ruhe und Stille genießen können. Aber wir nehmen und bekommen diese Zeit nicht, - wir sagen wir *hätten zum Still sein keine Zeit,* genießen wenig oder konsumieren viel und oberflächlich, ganz so (wie bei Fromm), wie die Industriewerbung es empfiehlt: „Gönnen Sie sich etwas..." oder „Sie sind es sich wert ..." X/Y zu kaufen. Kitzler meint zu Recht, dass diese Art des Kaufens *allenfalls nur oberflächlich etwas mit uns zu tun hat.* Es gefällt mir gut wie Kitzler weiter schreibt: *„Ganztägig sind wir mit der Organisation des Äußeren beschäftigt und vernachlässigen die Pflege des Inneren".* Wer sich der inneren Pflege der Seele als natürliche Selbstfürsorge und Psychohygiene wirklich stellt und zuwenden will, kommt am Stillesein und der Ansicht der eigenen Abgründe nicht vorbei. Gutes erfahren wir nur durch ehrliche *Selbsterkenntnis, ohne dass wir unser SELBST täuschen* und hinters Licht führen. Dient das oberflächlich konsumorientierte Vergnügen – damals wie heute – einzig dem Zweck, uns selbst von der Angst vor der eigenen Leere und Langeweile abzulenken?

Die Eingangshalle des Apollon - Heiligtums in Delphi trug für jeden Besucher die warnende Inschrift **„Erkenne Dich selbst"**! Die alten Welt meinte damit jedoch *ungesagt* weit mehr als ein oberflächliches Erkennen, wie im Beispiel der Gier

nach Vergnügen der „jesajischen fliegenden Pferde": Erkenne dich selbst meint zudem die *Erkenntnis der eigenen Endlichkeit und Sterblichkeit.*

Meine Meditation über Meister Eckart & Co.
ಬ
Die folgenden Sätze sind frei assoziierte Gedanken zu dem beim Volk sehr beliebten und von der Kirche beneideten (ketzerischen) Dominikanerprofessor **Meister Eckart:** *Es strahlt etwas aus den Tiefen deines Seelen-Selbst hinaus in die Welt. Es geht etwas über dein körperliches Selbst hinaus. Momente ohne Zeit eingebettet in die Ewigkeit (s. Fromm). Es ist die innere Zulassung des Unbeschreiblichen (s. Laotse). Sei, in dem was du bist, ganz dein eigener liebender Gott. Es wird die Begegnung dessen, was du niemals sagen kannst, sich aber dennoch ereignet (s. Tao). Es ist der tiefste Abstieg zum tiefsten Grund der Seele. Werde Eins mit dem Funken, der in dir schlägt. Dabei sollen wir die Vielheit reduzieren und zuhören, was die Melodie der Dinge erzählt (s. Rilke unten). Es ist eine Sehnsucht nach Liebe, in der Selbstfürsorge zum Wesen des tiefsten Selbst. Du bist dein tiefes Selbst. Begebe dich in die Handlung des tiefen Selbst in den einfachsten Dingen, die du tust. Wenn du dein Selbst herabwürdigend bewertest, ent-*

täuscht du dein Selbst. Es existiert ein tief liegender Kern deines gespürten inneren Selbst. Er ist so etwas wie dein innerer gesunder Urkern, aus dem dein Selbst zur Welt gekommen ist. [21]

Es passt der Kirche des Mittelalters nicht, dass Eckart von Paris, Köln bis Amsterdam beim Volk beliebt ist, dessen Sprache spricht. Er spricht nicht von „oben", sonder auf Marktplätzen. Gibt den Menschen nicht erst durch den Segen der Kirche ihren (Selbst-) Wert. *Er verlagert Gott in den Menschen: Sagt wie gutes Leben praktisch geht!*

Und immer wieder Rosa und Resonanz

Die verlorene Resonanz der Menschen und *der fehlende vibrierende Draht zum Leben* von Hartmut **Rosa**[23] nehmen implizit Bezug auf die tiefe Schwingung und zum o. g. Grund des Sees, - im Stilleseins. Zeitwohlstände sind die erste und notwendige Voraussetzung für diese *Zeitkonfrontation und Erneuerung der Wandlungsfähigkeit. Zeitwohlstände* machen eine „Sinngebung in der Besinnung zur tieferen Wahrnehmung der Existenz erst möglich."

Wenn ich im Stillesein z. B. einen Baum betrachte, kann dieses *meditative tiefe schauen* ein vibrierender Draht zur Welt sein. Rilke drückt in all seinen Gedichten etwas aus, was *Menschen als Opfer des Rasens und Rennens* in der Beschleunigungsgesell-

schaft verlernt und/oder verloren haben. Vom „tiefen sehen" im Still sein führt *ein Weg* zur Wahrnehmung *Die Dinge singen zu hören*... im Zeitwohlstand.

Bei genauer Betrachtung ist nicht ein Smartphone oder das Pferderennen – *an sich* - das Übel oder etwas Gefährliches; es ist *die fehlende innere Distanz und die Angst* eine Smartphone „*Mail*" o. ä. ein „*Rennen*" o. ä. zu verlieren. Die tatsächliche Gefahr ist, das Vertrauen in die eigene SELBT zu verlieren. Wie viele so genannte Facebook „Freunde" und „Likes" reichen mir aus, um mich gemocht und im sozialen Netz sicher zu fühlen? Postmoderner Bullshit oder?

Wohlstand ohne Wohlgefühl: müde und leer

Die beschleunigte Industriegesellschaft 4.0 legt im Wachstumsimperativ eine stetige Steigerung konsumorientierter Ziele nahe. Der Begriff *Wachstum* trägt in seiner Bezogenheit „nur" ein geringes qualitatives Verständnis von *innerpsychischer Sinngebung* in sich. Sind Menschen in der Wachstumsgesellschaft „*besinnungslose*", müde Akteure und Konsumenten geworden, die diese inhaltliche Sinn-Entleerung *trotz Geld, Superwohnung und Auto etc.* immer schwerer ertragen? Ist materieller Wohlstand

immer noch ein Wohlstand im Sinne des Wohlergehens?

Die modernen Ereignisse ähneln den Wassertropfen zwischen denen eine unerträgliche (Sinn-) Leere klafft. Ein natürlicher Durst nach Stille und Sinn kann zunehmend unerträglich werden, weil sich keine Hoffnung auf Erfüllung einstellt. Unerfüllte Sehnsucht kann verunsichern oder Angst auslösen, dass eigene menschliche Erwartungen vermeintlich nicht richtig seien.

Was ist eine SMS, eine WhatsApp wert, wenn der dünne Sinn-Faden abreißt? *Was ist eine SMS noch wert, wenn es nicht das spürbare sehnsüchtige Erwarten der Geliebten gibt. Was ist irgendeine Nachricht wert, wenn sie nicht einen liebenden Vater oder Mutter, mit der Tochter, mit einem spürbaren Faden der Vorfreude auf ein Wiedersehen verbindet?* Wie wirken dann inhaltlich leere und zeitlich zerstückelte WhatsApp und Facebook Nachrichten auf uns? Schreien die geistlosen Serienvideos nicht nach *Sinn und Erfüllung* um der Leere des Daseins auszuweichen? Jeder kann das selbst nur beim nächsten Versenden einer Nachricht für sich *nach innen spürend* beantworten.

Dabei können wir jedes Medium – z. B. WhatsApp und Facebook – unterschiedlich sinnerfüllt gebrauchen. Es gibt in digitalen Medien wunderschön gemachte kleine Videos, die über den Sinn des Lebens tief „sinnieren" lassen. Fehlt aber ein echter gefühlter Kontakt völlig, steigern wir m. E. dadurch nur die Sehnsucht und den Durst nach erlebbarem, echtem Leben? Ich frage mich oft, ob und in welcher Weise diese Medien uns bei den wesentlichen Dingen im Leben helfen oder hindern.

Lernen wir moderne Medien so zu gebrauchen, dass sie zum guten Leben beitragen! Ein guter Freund hat vor längerer Zeit mal das kritische Wort vom „Niveaualarm" erfunden, *wenn ihm Nachrichten allzu sinnentleert massenhaft (weitergeleitet) erschienen. Ganz ehrlich, mich hat der „Alarm" hat auch erwischt.*

Dinge singen höre ich so gern

Der selbst auferlegte Imperativ, *etwas tun zu müssen, was Menschen nicht wirklich wollen, führt dazu, dass uns* **vertraute Dinge nichts mehr sagen**. Auch **Rainer Maria Rilke**[1] gelang es immer wieder, das sprachlich Unfassbare der resonanten Weltbeziehung auszudrücken:

„*Die Dinge singen höre ich so gern.
Ihr rührt sie an: sie sind starr und stumm. Ihr bringt mir alle die Dinge um.*"

(Rainer Maria Rilke[1] 1875 – 1926)

Tucholsky *hörte* in der Stille den Weltkontakt heraus, indem er schrieb:

☙

In der vollkommenen Stille hört man die ganze Welt.
(Kurt Tucholsky[2], 1890 – 1935)

Aber man muss kein Poet sein, um mit Menschen und Tieren in echtem Kontakt zu sein. Leider wird für viele Menschen der Moderne die Weltbeziehung, wie Rilke beklagt, „starr und stumm"!

Kollaterale Wachstumsschäden

Wir leiden unter den Auswirkungen der modernen Beschleunigung insbesondere in der Arbeitswelt. Sind auch ihre Aufgabenmengen trotz Überstunden unerfüllbar geworden. Zuerst entsteht langsam und schleichend ein schlechtes Gewissen, wenn sie immer weniger *zum guten Ende* bringen können. Nach vielen vergebliche Bewältigungsversuche schleicht sich dann eine zunehmende Hilflosigkeit, Leere und Depression oder Angst ein (s. Statistik unten). Sie verstehen oft nicht so recht, warum ihnen der (Welt-) Kontakt verloren gegangen ist. Sie berichten müde und schamhaft, keine Gefühle mehr empfinden zu können. Sie leiden häufig unter Unruhezuständen und psychosomatischen Störungen. Der Hausarzt versucht *vergeblich*, die Symptome eine Zeit lang mit Psychopharmaka zu mildern.

Kunst & Kino

Byung-Chul Han[7], Professor für Philosophie und Kunstwissenschaften der Universität der Künste Berlin, schrieb auf Spiegel Online am 30.07.2016 vom Gegenteil der Stille: „ … einem *Kommunikationslärm der uns betäubt* …" (!). Seine brutale Gesellschaftsdiagnose öffnet Fenster zu den finstersten Abgründen der digitalen Marktgesellschaft: Er entlarvt den spät-modernen Menschen als *Zombie, der erblindet, abgestumpft und betäubt sei. Die Menschen in den Bildschirmparadiesen sind wie suchende Nomaden auf dem Weg zu versteckten Oasen (der Stille?), gefüttert mit Werbebildern des Immer gleichen.*

ଔ

Der französische Medientheoretiker und Philosoph **Jean Baudrillard** [14] (1929-2007) schuf die Schreckensvision zum Film „**Die Matrix**", in dem das

Virtuelle das Reale völlig verdrängt. Immer perfektere virtuelle Simulationen verschmelzen mit der Realität und sind kaum mehr von der echten Realität unterscheidbar. Die Simulation verweist nicht mehr auf reale Gegenstände, sondern schafft selbst „neue Realitäten". Nach Baudrillard sind Schönheitsoperationen Beweise für eine Anpassung an *vermeintlich ideale Realitäten*. Die Kultur der Illusionen begeht *„das perfekte Verbrechen in der Tötung der Realität ohne Spuren"*. Byung-Chul Han`s Bildschirmparadiese sind aktuelle und moderne finstere Abgründe, die eine neue digitale Ethik notwendig machen, ähnlich wie Regelwerke für operierende Drohnen und autonome Maschinen der Industrie 4.0 und dem Internet der Dinge.

Diese Vielfalt der modernen Beschleunigungsgesellschaft überfordert und verunsichert die Menschen und führt zur Zunahme von Unrast und Stress mit veränderter Zeitwahrnehmung. Ohne es bewusst zu bemerken, setzt schleichend eine chronische Vermeidung des Innehaltens ein. Jedes noch so kleine Zeitfensterchen (der Stille?) wird unterbewusst (zu-) gestopft: mit dem Laptop, Smartphone, Tablet, TV … usw.! Allerdings verstehe ich Stille in diesem Zusammenhang nicht als ein Allheilmittel gegen alles Mögliche:
<u>Stille als seelische Durstlöschung nach all dem Lärm im rasenden Stillstand.</u>

Dem Gehirn bei der Arbeit zusehen

Halten Sie Stille auch kaum noch aus.? Finden Sie keine Erklärung, warum Sie die Stille meiden: „Brauchen Sie auch den Stress..."oder „Sind Sie halt vom Typ her so..." usw. Tatsächlich geraten nicht nur Sie in *Erklärungsnot*, was es mit ihrer Stillephobie auf sich hat. Im Folgenden werde ich versuchen, diese Erklärungsnot durch neue neuronale Erkenntnisse der Hirnforschung zu *erhellen*.

Durch neue bildgebende Techniken, können wir bereits dem Gehirn bzw. den Nerven beim Denken zusehen. Einen *Einblick in das Dickicht der Funktion der 19-23 Milliarden Nervenzellen* zu bekommen, ist nicht wirklich leicht. Zudem befinden sich auf *jeder* der vielen Milliarden Zellen *nochmals* 100 bis mehr als 1000 zusätzliche Verbindungsköpfchen (Synapsen) pro Nervenzelle (!).

Unser Gehirn ist eines der größten Wunderwerke im Universum: Hier einige Grundlagen: Ihr Kopf denkt 10 Millionen Mal langsamer als Ihr PC. Trotzdem arbeitet ihr Gehirn 1 Milliarde Mal zuverlässiger als Ihr PC. Die Zuverlässigkeit des Gehirns gewährleisten (10 hoch 15 Milliarden) *gleichzeitig „rechnende"* Verschaltungen. Zu allem Überfluss an Leistungskapazität des Gehirns liegen bei Männern ca. 4 Milliarden Nervenzellen unbenutzt dösend in der Hirnecke rum. Frau hat es ja immer schon geahnt.

Doch zurück zur spannenden Frage wie unser Gehirn (Beschleunigung) lernt: Das Gehirn lernt durch Gebrauch, indem es Spuren bahnt. Dies geschieht dann, wenn wir Handlungsvorgänge immer wieder ähnlich tun. Gedächtnisspuren entstehen wie Trampelpfade in einer weißen Winterlandschaft **(Prof. Dr. Tobias Bonhoefer[12], 2011)**. Häufig genutzte Gedächtnisspuren bzw. *Pfade*, werden vom Gehirn *sicher und leicht erinnert*!
Sehr mühevoll umzulernen, sind fehlerhaft gelernte bzw. angelegte Gedächtnisspuren. Das Gedächtnis folgt oftmals wieder den *alten falschen* Pfaden. Warum also „verlernen" (Extinktionslernen) viel schwieriger ist als neues Wissen zu lernen, erklärt sich durch die alten Gedächtnispfade. Zum Beispiel müssen alte Schreibfehler, sehr häufig „überschrieben" werden, bis der neue Gedächtnisinhalt sich wie ein „vertrauter" Gedächtnispfad anfühlt. Es wird jetzt verstehbar, warum *Umlernprozesse* mehr Zeit benötigen, als *neue Lernspuren* anzulegen.

Ein Profigeiger wiederholt in der Regel 100 000 Stunden Gedächtnisspuren bis zum sicheren Weltkonzert. Talent spielt dabei sozusagen die *zweite Geige*. Das Gehirn ist also anpassungsfähig und *plastisch*.
Die Plastizität der Gehirnverschaltungen funktioniert auf der Grundlage der Nutzungsabhängigkeit. **Donald O. Hebb**[13] entdeckte 1949 dabei, *„was zusammen (Nervensignale) feuert, verbindet sich anschließend"*. Diese Neuroplastizität teilt sich der Theorie nach in eine „funktionale" und in eine „strukturelle" Anpassung der (synaptischen) Verschaltungen auf.
Was hat diese Erkenntnis nun mit der Beschleunigungsgesellschaft und ihren Stillephobikern zu tun? *Stillephobiker zeigen Kollateralschäden der Beschleunigungsgesellschaft in Form zwanghaft gelernter (konditionierter) Gehirnspuren. Beschleunigtes Rasen und Rennen haben sich bei ihnen in eine funktionale und strukturelle Pfadeigenschaft ihrer Synapsen übertragen. Die Übertragungsstärke und die Kontaktflächen ihrer Synapsen sind durch Umbau funktional stark verändert, ja sogar die Nerven selbst wurden in der (strukturellen) Architektur der beschleunigten Gesellschaft angepasst bzw. umgebaut.*
Schon jetzt lässt sich in ihrem Gehirn eine Veränderung der Fingerrepräsentanz nachweisen, die einzig

auf den ständigen Smartphonegebrauch zurückzuführen ist!

Stellen Sie sich ihr Gehirn als einen Computer vor, der den gestellten Aufgaben an Qualität und Quantität der Rechenleistung wächst. Stellen sie sich vor, dass sogar bei einer 50% Hirnschädigung, das Gehirn immer noch in der Lage ist, alle Funktionen so auszugleichen, dass ein Mensch bei guter Bildung zweisprachig aufwachsen kann. Ist das nicht ein großartiges sich *selbst wiederherstellendes* Meisterwerk der Natur?

Nervensysteme mit endokrinen Ausschüttungen und Verschaltungen an den Synapsen, funktionieren und bauen sich also nach Gebrauch und Bedarf selbst um. Nervenendigungen sind also „schlau und lernfähig". Sie haben Regeln und Muster gelernt, um ihre dazu notwendige tägliche Dosis an Botenstoffen auszuschütten.

Nicht unwichtig für Sie ist vielleicht auch, dass in einer positiven emotionalen Grundstimmung, alle *Lernvorgänge sehr leicht und zuverlässig funktionieren. Unter Dauerstress oder Angst blockieren hingegen wichtige Datenweiterleitungen, insbeson-*

dere die zum Frontalhirn. Neue Ideen zur Problemlösung werden geradezu unmöglich.

Für Menschen, die über viele Jahre im Dauerstress gelebt haben, gibt es eine gute und eine weniger gute Nachricht. Die weniger gute Nachricht zuerst: *„Ihr Weg zur Entspannung und Stille wird kein leichter sein"*, denn ihr Gehirn folgt den vertrauten Gehirnspur wie von selbst. Die Folge ist, sie kommen nicht zur Ruhe. Sie Rennen und Re-Agieren wie Reflexamöben. Die zweite und gute Nachricht ist: Das Ziel des Umlernens ist durch wiederholte Übung gut erreichbar.

Es ist meines Erachtens ***eine Illusion***, zu glauben, sie könnten auf der Autobahn der Beschleunigungsgesellschaft über viele Jahre ihren Nerven das Rasen beibringen, um an der nächsten Ausfahrt sodann in aller Ruhe ein Nickerchen zu machen, um auf *ein entspanntes und entschleunigtes* Leben umstellen.

<u>Die Einübung (z.B. durch Smartphone -Konditionierung) der Rastlosigkeit verhält sich umgekehrt proportional zur Entspannungsfreiheit. Unser Smartphone ist eine perfekte Lernmaschine: Ein WhatsApp Ton und ihre Frage nach ihrer Handlungsfreiheit hat sich erledigt.</u> Medienkompetenz ist

aus diesem Grund *kein leichtes Spiel. Aber es gibt einen Weg und es gibt eine Hoffnung!*

Es ist meines Erachtens *keine Illusion* und realistisch, mit Hilfe einer langfristigen (Lern-) Bereitschaft neue Gehirnpfade mehrfach zu überschreiben, um eine stabile und tiefe Entspannung – mit innerer *Umstellung auf Ruhe* - erlernen zu können.

Es ist *keine Illusion*, langfristige Selbstreflexion und Stille zu erlangen, um die eigene Handlungsfreiheit weitgehend zurück gewinnen zu können. Es ist ebenfalls *keine Illusion*, falsch erlernte Handlungsmuster im Gehirn langfristig stark und mehrfach überschreiben zu können.

Bootssteg bei Sellin auf Rügen H.O., 2002

☙

Zeit - Essay

Sturm

Wenn der Sturm dir ins Gesicht bläst

denk,
du bist für dich
ganz
und richtig
auch bei Gegenwind.

Höre nicht auf die Angst
der Sturm
ist weder gut noch schlecht
er ist nur der Sturm
und du

bist du!

(Obberg, H. 2001) [25]

Das wirklich Wesentliche gibt es im Leben jedoch nicht so nebenbei, „auf die Schnelle" im Vorbeigehen „to go"!

ᛟ

„Die Götter verschenken das Außergewöhnliche nicht zu Schleuderpreisen"

ᛟ

Sören Kierkegaard³ (1813 bis 1855)

Zudem ist Entschleunigung, ebenso wenig ein Allheilmittel wie Stille: nur die richtige Mischung der neuen Lebensphilosophie macht's. Paracelsus sagte:

ᛟ

"Sola dosis facit venenum
Nur die Dosis macht das Gift"
Paracelsus⁴ *(1493 bis 1541)*

ᛟ

Byung-Chul Han kritisiert die heutigen *Internetutopien, da die Menschen das Internet unkritisch konsumieren, ohne die Lügen dahinter zu bemerken: „Die Zeit, in der es den Anderen gab ist vorbei. Der Andere als Geheimnis, der Andere als Verführung, der Andere als Eros, der Andere als Schmerz verschwindet".*
Wo jede tatsächliche und leibhaftig spürbare, sinnliche Zweisamkeit ausgelöscht ist, ertrinkt man im

Selbst! So wie der griechische Gott Narziss in sein einsames selbstverliebtes Spiegelbild im Wasser fällt und ertrinkt, so ertrinkt der Mensch einsam vor dem Monitor mit Selfie.

Verblüffende Statistik

Verblüffend paradox erscheinen Zufriedenheitsumfragen zur Demokratie und Krankheitsentwicklung im **Statista Internetportal**[8]: So waren die Menschen 2015 mit der Demokratie tatsächlich zu ca. 60% „ziemlich zufrieden" und 11 bis 12% der Menschen sogar „sehr zufrieden". Man könnte also annehmen, dass diese Systemzufriedenheit auch eine ähnlich positive Gesundheitsentwicklung erwarten lässt.

Dabei lagen die Krankheitsfälle (KF) und Arbeitsunfähigkeiten (AU) - pro 1Tsd. Einwohner- 2011 bei 221 KF und 191 AU. Im Jahr 1994 dagegen lagen die Zahlen bei 100 KF und 100 AU. Trotz der recht guter Zufriedenheit mit der Demokratie leiden dieselben Menschen zunehmend mehr an Krankheiten mit Arbeitsunfähigkeit!

Dabei gehören *Depressionen zu den Erkrankungen, die stetig ansteigen. Das sind in Deutschland ca. 3,1 Millionen Menschen. Daraus ergibt sich eine geschätzte Anzahl von ca. 4 Millionen Perso-*

nen, die an einer depressiven Episode leiden. 80% fühlen sich mit der Diagnose Depression nicht ernst genommen. *Nach Angaben des **Statistischen Bundesamtes** [9] nehmen sich immer noch pro Jahr mehr als 9.000 Menschen das Leben, wobei die Dunkelziffer sicherlich höher liegt. Die Zahl der Suizide übersteigt demnach deutlich die Zahl der Verkehrstoten.*

Depressionen, Ängste, psychosomatische Störungen, innere Leere, negativer Stress, vom Leistungsträger der Moderne gerne Burnout genannt, usw. steigen also an. Die Arbeit der Moderne hat sich temporär stark verdichtet: Die unerfüllbaren und wachsenden Aufgabenlisten und die allgemeine Beschleunigung machen die Menschen hoffnungslos müde und leer und nicht zuletzt krank.

ಞ

Gut gemeint,- nicht gut gemacht

Es kommt bei gestressten Menschen zu einem Zustand, in dem die inneren Alarmreaktionen nicht mehr aufhören. Viele Menschen wollen diesen Daueralarm durch psychologische Entspannungsmethoden wie autogenes Training (Obberg, Heinrich,

2017) [26] Progressive Muskelrelaxation (PMR), Meditation, Yoga oder Sport usw. ausgleichen, als seien diese ein Gegengift. Es gibt Manager- Meditation im Zen Kloster, um im Anschluss noch leistungsfähiger im Sinne der Selbstoptimierung und Selbstausbeutung zu funktionieren.

In einer Industriegesellschaft der stetigen Beschleunigung und Selbstoptimierung wirken die an sich guten Entspannungsmethoden nur *Symptomlindernd, aber ausdrücklich nicht heilend!* Obwohl Sport an sich etwas RICHTIGES oder sehr Gutes ist, dürfen wir uns nach **(Theodor W. Adorno**[10] **1903 bis1969)** den *„Sinn für das Richtige nicht nehmen lassen"* denn – so Adorno weiter

„es gibt kein richtiges Leben im falschen."

Sport ist sicher eine wunderbare Möglichkeit Spannung abzubauen und zudem den Körper und Natur wahrzunehmen. Dazu gehört auch Stille in den zeitlichen Zwischenräumen des Lebens. Wenn aber in einer beschleunigten Gesellschaft Arbeitsprozesse so gestaltet sind, dass alle Zeiträume vollgestopft sind, dann kann auch ein noch so gut gemeinter angesetzter Sport nicht weiterhelfen, uns ein gutes (Arbeits-) Leben zu ermöglichen. Die Wurzel der Störung liegt also in der Totalüberforderung der Arbeitsprozesse und nicht im Sport. Die Arbeitswelt als Ganzes muss neu auf krankmachende innerbe-

triebliche Bedingungen geprüft und umdefiniert werden. Dann klappt auch Sport, weil er nicht mehr alle Arbeitsmissstände auffangen muss.

Stille Worte & Worte der Stille ...

In der Stille zwischen Menschen – wenn sie sich anschauen – liegt ein Geheimnis verborgen. Manche Menschen verstehen sprachlose „*Stilleworte*" *in der Begegnung*, ohne wirklich sprachlos zu sein. Sie erkennen Vertrauenswürdigkeit bei fremden Personen innerhalb von 30 Millisekunden Stille. Stille kann *wie eine Sprache* sein. Sprachlärm dagegen, kann *wie ein sinnentleertes Schweigen sein.*
    Seien Sie mutig! Gehen und definieren Sie den *alten Weg der Stille* neu. Tragen Sie Sorge und Verantwortung wenn Sie in Zeitnot geraten sind. Retten Sie durch ein neues Bewusstsein ein gut platziertes NEIN ihre Zeitwohlstände in *dieses neue* Informationszeitalter. Erklären Sie dem Homo oekonomicus in aller Ruhe und mit viel Geduld den *Sinn einer absichtslosen Betrachtung und Stille*: z. B. einen Sonnenuntergang in der Sprache von „Stille -Worten".

ೞ

Literaturverzeichnis

[1]**Rilke, Rainer Maria, 1875 – 1926:** Die frühen Gedichte (Gebet der Mädchen zur Maria)
Die frühen Gedichte . 2. Auflage 1909

[2]**Tucholsky, Kurt, 1890 – 1935:** *Es geht nirgends so merkwürdig zu wie auf der Welt: Aphorismen* 2015

[3]**Kierkegaard, Sören, 1813 - 1855:** Quelle: Kierkegaard, Der Begriff Angst (Begrebet Angest), unter dem Pseudonym Vigilius Haufniensis (der Hüter Kopenhagens) 1844 veröffentlicht

[4]**Paracelsus, 1493- 1541:** *Die dritte Defension wegen des Schreibens der neuen Rezepte. 1538. Werke Bd. 2, Darmstadt 1965, S. 510.*

[5]**Rosa, Hartmut, 2005:** Universität Jena und Erfurt: Beschleunigung. Die Veränderung der Zeitstrukturen in der Moderne TB

[6]**Rosa, Hartmut, 2016:** Universität Jena und Erfurt: Resonanz: Eine Soziologie der Weltbeziehung

[7]**Byung-Chul, Han, 2016:** Seoul, Südkorea: Universität der Künste Berlin schrieb auf Spiegel Online am 30.07.2016

[8]**Statista Internetportals:** Internetportale der Fernsehsender nach Reichweite 2016. – Statista *de.statista.com › Branchen › Medien & Marketing › Rundfunk, TV & Film*. Diese Statistik zeigt die Reichweite der *Internetportale* der Fernsehsender in Deutschland

[9]**Statistischen Bundesamtes 2016:** Startseite - Statistisches Bundesamt (Destatis) https://www. destatis.de/ Internetangebot des *Statistischen Bundesamtes* mit aktuellen Informationen, Publikationen, Zahlen und Fakten der amtlichen Statistik.

[10]**Adorno, Theodor W., 1903-1969:** Theodor W. Adorno: *Minima Moralia* (Gesammelte Schriften 4, Frankfurt/M. 1997, Seite 43)

[11]**Obberg, Heinrich, 2014:** Westdeutsche Allgemeine Zeitung (WAZ vom 03.03.2014) Medizin: Das lange Warten auf den Psychotherapeuten

[12]**Bonhoefer, Tobias, 2011:** Zukunft Gehirn: Neue Erkenntnisse, neue Herausforderungen TB 13. Juli

2011 von Tobias Bonhoeffer (Herausgeber), Peter Gruss (Herausgeber)

[13]**Hebb, Donald O., 1904-1983:** „Konzept der Zellensembles"

[14]**Baudrillard, Jean, (1929-2007):** Medientheoretiker und Philosoph; schuf die Grundidee der Schreckensvision im Film „Die Matrix"

[15]**Jesaja, 30**: Weisheit des Propheten: Altes Testament Jesaja, 30, 15-17

[16] **Laotse, TAO TE KING:** Das Buch vom Sinn des Lebens S. 16, Diedrichs Gelbe Reihe

[17]**Heidegger, Martin, 1994:** in Rüdiger Safranski: Ein Meister aus Deutschland, Hanser 1994

[18]**Hesse, Herrmann, 1977:** Lektüre für Minuten, Suhrkamp 1977

[19]**Fromm, Erich, 1980:** Der *Kunst des Liebens*, 1980, Ullstein S. 124

[20]**Fromm, Erich, 2005**: Haben oder Sein: Die seelischen Grundlagen einer neuen Gesellschaft, TB, DTV

[21]**Kitzler, Albert, 2014:** Wie lebe ich ein gutes leben, Philosophie für Praktiker, Pattloch

[22]**Meister Eckart, 1934:** Frei nach: Schriften von Herrmann Büttner, Eugen Diederichs Verlag

[23]**Rosa, Hartmut, 2013:** Was ist das gute Leben? 17.01.2013 H. Rosa „Zeit Online"

[24]**Safranzki, Rüdiger, 2015:** Zeit, Was Sie mit uns macht und was wir aus ihr machen

[25]**Reich, Eva, Obberg, Heinrich, 2005:** ... den eigenen Himmel, gespürt, Gedichte, Books on Demand GmbH, Norderstedt.

[26]**Obberg, Heinrich, 2017:** Autogenes Training Einführung Grundwissen zur Einübung, 2. Auflage, Books on Demand GmbH, Norderstedt.

Abschluss & Ausblick

Zum Abschluss dieses Essay bleibt eine inhaltliche Unvollständigkeit in der Analyse. Viele Betrachtungen werfen neue Fragen auf, bieten genügend Stoff fürs Weiterdenken an. Wer beim Lesen eine allzu *bissige kulturpessimistische Gänsehaut* verspürte, kann sich grundsätzlich meines Mitgefühls sicher sein. Denkanstöße brauchen jedoch meines Erachtens eine würzige Zuspitzung, um einen Innehalten für einen Bewusstseinswandel zu bewirken.

Ich weiß nicht, auf welche Weise jeder für sich seine Weltbeziehung gestalten kann und welches *Packende* zur Änderung gerade bei ihnen nahe liegt? Jeder soll das für sich herausfinden. Wenn neue Fragen an die eigene Lebensführung aufgeworfen wurden, so ist das schon ein *erster* guter Schritt. *Wir alle stehen auf der geschichtlichen Zeitachse vor einer sehr komplexen Herausforderung, wobei schnelle Lösungsversuche wahrscheinlich wenig hilfreich sind.*

Ich selbst habe versucht, in Zeitnischen achtsame Zeitwohlstände und Stille zu erringen. Das war alles andere als leicht! Selbstkritisch musste ich mir eingestehen, wertvolle Zeiträume vertrödelt zu haben, die es gilt zurückzugewinnen. Sei nicht zu hart zu Dir bei Fehlern. Rituale und Tagesrhythmen haben mir geholfen meinen eigenen Lebenstakt zu finden.

Dringend nötig erscheinen internationale politische Kursänderungen, weg vom Wachstumsimperativ. Politik sollte „die *Regelung der Angelegenheiten eines Gemeinwesens durch verbindliche Entscheidungen*" befördern. Der Stoff des Gemeinwesens besteht jedoch aus nichts anderem, als aus vielen Individuen und kleinen sozialen Nischen. Wer nun voranschreitet – Individuum oder Politik - ist dabei unerheblich. Am besten beide! Hier einige Ansätze, die mir zum Thema „zugefallen" sind:

Vielleicht ist es in der Beschleunigungsgesellschaft notwendig, eine Begrenzung *im Haben (wollen)* zu erkennen um der Verwahrlosung der Vielfalt der Optionen als Gefangenschaft der Konsumidentität erkennend zu entkommen? Für andere wiederum kann eine allzu strenge *Lebensführung „im Hier und Jetzt" des SEINS* überfordern.

Literatur: Jens Förster: Was das Haben, mit dem Sein macht: Die neue Psychologie von Konsum und Verzicht, Pattloch Verlag 2015

Dem *Wesen der Dinge* mit mehr „Nachhaltigkeit" zu begegnen, ist ein weiterer Ansatz. Psychologische Genussfähigkeit, Selbstakzeptanz, Selbstwirksamkeit, Achtsamkeit, Sinnkonstruktion und Solidarität werden nahe gebracht.

Literatur: Marcel Hunecke: Psychologie der Nachhaltigkeit: Psychische Ressourcen für Postwachstumsgesellschaften, Okom 2013

Ein Mensch ohne Bildung und Kultur ist ganz und gar roh und gleicht einem ungeschliffen Diamanten: Erst der Feinschliff durch Liebe zur Literatur, Theater, Museen, Tanz und Musik u. v. m. macht aus uns einen individuellen leuchtenden Edelstein. Zum Thema Diamanten und Glanz gehört auch das Thema Schatten: Es ist eng verbunden mit der Sucht und *Suche in den Tretmühlen des Glücks*.

Literatur: Mathias Binswanger: Die Tretmühlen des Glücks: Wir haben immer mehr und werden nicht glücklicher. Was können wir tun?
HERDER Spektrum 2006

Die Vertreter der Postwachstumsgesellschaft können sicherlich noch viele Wege aufzeigen, dem Imperativ des Zeitdiktats zu entgehen. Das Thema

steht erst am Anfang und Fertigschablonen gibt es nicht.

Wenn es Stimmen geben sollte, die behaupten, dass der Text *ein Klagen auf hohem Niveau sei*, so muss ich zugestehen, mein Land immer wieder großartig und in jeder Hinsicht überdurchschnittlich zu empfinden. Doch dahin sind wir nur gekommen, weil wir nicht müde werden uns zu wandeln und zu verbessern. Dazu gehört kritisches Hinterfragen gesellschaftlicher Zustände.

Epilog: Untergang der Sonne

ଽ

. . . Nachdem die Sonne, noch um Licht ringend, im Abendhimmel ertrank, saßen wir noch lange zeit-vergessen da. Auch als die Dämmerung ihren Mantel aus blauschwarzer Finsternis über das letzte Licht legte, leuchtete unser Herz noch immer satt und übervoll. Selbst als die erste Kälte der bevorstehenden Nacht uns um die Beine strich, ward es noch wohlig warm in uns. Wir sprachen mit allem was uns umgab.

Wir sprachen mit unserem Lebensweg als eine uns geschenkte Zeit. Wir sprachen mit unserer geliehenen Erde und mit dem Wasser unter unseren Füßen. Wir sprachen sogar mit dem Nordwind, der wie so oft unser Land durchquerte ohne die heilige Stille, wie Glas zu durchbrechen.

Fern, sehr fern der Religion, nah, sehr nah unserer eigenen erdigen Natur. Hatten den Himmel in uns selbst vermessen und gespürt. Die Stille hatte ihren Durst gelöscht und nahm Platz in unsern Seelengärten, breitete ihre blauen Flügel der Ruhe aus ohne Zeit und fern der Not.

৪১

Vielen Dank,
für Ihr Interesse.

Heinrich Obberg

৪১

༄ D A N K ༄

Für den Zuspruch und die kritischen Diskussionen sowie Unterstützung möchte ich
mich zuerst bei Anna Koput bedanken. Nicht zuletzt, danke ich Sarah Prokosch, Claudia Menzel, Waltraud Sophie Reich, Arndt Rüskamp Verlag Hellblau, Daniel Tangermann Webentwicklung Fa. Coloimori, meinen beiden kollegialen Qualitätszirkeln und den Argusaugen meiner Freunde.

༄

*Abendstille in der Kopfweidenlandschaft
Haffen/Rees am Niederrhein*

☙

Zeit - Essay Seite 64